DOMINANDO LA ECONOMÍA INTERNACIONAL

JOSE-NICANOR PINILLA BARCELONA

DEDICATORIA

Especial dedicación a mi mujer Ana Miriam y a mis hijos Joel y Noah.

Para más información: www.escueladelemprendedor.com

AGRADECIMIENTOS

A todos los profesores que he tenido desde el año 1989, cuando el comercio internacional en España no se tenía en cuenta en las Universidades. En especial a los precursores de estas materias en Aragón, la Escuela Internacional de Negocios (CESTE) y a la Universidad de Gales. Agradezco a todos los alumnos que he tenido desde hace más de 20 años, que me han enseñado a cómo impartir esta materia. Gracias al soporte de la Escuela del Emprendedor, muchos docentes y profesionales podremos editar nuestra sapiencia en diferentes materias de gestión empresarial.

1. EL CRECIMIENTO DEL COMERCIO INTERNACIONAL Y LA INVERSIÓN MUNDIAL

En la segunda mitad del siglo XVIII el comercio internacional transformó la economía y la sociedad basadas en teorías mercantilistas y principios liberales. La revolución industrial y el dominio en el mercado marítimo que tuvieron como punto de partida el Reino Unido, convirtieron al país en la primera potencia económica mundial. En este período de tiempo se consolidaron las bases de la economía internacional moderna: el capitalismo, en un principio comercial, se convierte en un capitalismo industrial. Con el fin de abrir mercados a la nueva industria se eliminan barreras y obstáculos al comercio fijados con anterioridad para cuidar el tráfico comercial con las colonias. Ya en el siglo XIX, el liberalismo, asentado en las teorías de la ventaja comparativa y de la división del trabajo, superó a las conductas proteccionistas. Se pensaba que la libertad de comercio facilitaría bienestar a los países frente al proteccionismo. Sin embargo, debido a un desequilibrio en la política y a las guerras que se desencadenaron desde finales del siglo XIX hasta la mitad del siglo XX, se volvió a una situación proteccionista. Es en 1945 hasta hoy, cuando da comienza la fase de crecimiento sostenido del comercio mundial que ha guiado a un momento en el que contexto político-económico internacional influye en la toma de decisiones empresariales.

Este movimiento incide de manera representativa en las multinacionales, en las que sus actividades (exportaciones, financiación en divisas, inversiones en el exterior, etc.) dependen de las variaciones del ámbito económico internacional. Por el contrario, para las Pymes toma otro significado el concepto de apertura y liberalización, ya que supone una mayor competencia en su mercado doméstico, lo que las obliga a especializarse y buscar nuevos mercados exteriores.

El desarrollo de los países más industrializados ha provocado el aumento del consumo de materias primas y productos semi elaborados. Se ha observado el crecimiento de las mercancías por encima del crecimiento de la producción. En un mercado global, la interacción entre los países cada vez se hace más estrecha. Podemos hablar del "efecto mariposa".

> El "efecto mariposa" significa que desde cualquier rincón del planeta se puede producir un cambio económico, social o político. Posteriormente y de manera más o menos inmediata acabará afectando al resto de los países.

Existe una constancia en la economía mundial (dentro de este sistema de economía capitalista) que los países en vías de desarrollo, puesto que incrementan su productividad aumentan su comercio exterior respecto a los países industrializados.

En la actualidad, países como China, han alcanzado crecimientos superiores al 10% anual en su economía. Esto con-lleva que necesiten un consumo de recursos naturales y materias primas a la enésima potencia, bien sea para desarrollar la exportación o para favorecer la demanda interna.

Entre los motivos que han ocasionado este incremento sustentado en la actividad económica internacional pueden señalarse los siguientes:

➢ **Estabilidad política y económica.** Con los acuerdos de Bretton Woods en 1946, que crean el Fondo Monetario Internacional y el Banco Mundial, y el Acuerdo General sobre Aranceles y Comercio en 1947, se sientan las bases de un nuevo orden económico internacional. Se establecen normativas sobre la variación del tipo de cambio, se ponen en práctica sistemas de cooperación y ayuda financiera a los países menos desarrollados y se va negociando la eliminación de obstáculos en el comercio mundial.

➢ **Desarrollo de los sistemas de transporte y telecomunicaciones.** Hoy en día los medios de comunicación y sistemas de transporte son muy rápidos, por lo que las distancias se han convertido en un componente poco importante para los negocios internacionales.

➢ **Cambio tecnológico y transferencias de tecnología.** Los desarrollos tecnológicos que se han tenido lugar desde 1960 han conllevado el crecimiento del tamaño de las empresas para resultar competitivas, obligando de este modo a la internacionalización.

➢ **Seguridad jurídica.** Los grandes bloques económicos, como MERCO-SUR, NAFTA o la UE han permitido desarrollar un mercado internacional con menos incertidumbre jurídica, ya que los acuerdos multilaterales favorecen un marco jurídico más seguro. En cuanto a las marcas y patentes, resulta más fácil y rápido el registro de las anteriores, aunque países emergentes como China están implementando sistemas de registro poco fiables por el momento.

Visita www.oepm.es

Antes de registrar una marca resulta es conveniente comprobar si está disponible en esta página Web.

➢ **Homogeneización de los gustos de los consumidores.** Debido a la rapidez en la que fluye la comunicación, especialmente a través de los medios de comunicación e Internet, los consumidores parecen presentar unos gustos similares en cuanto a la actitud de compra. Otra de las razones ha sido la masificación de las grandes multinacionales en cuanto a sus políticas de publicidad, sin embargo, no sólo se está perdiendo la identidad nacional, sino que cada vez la segmentación en el mercado es mayor y específica.

➢ Los nichos de mercado han aumentado con respecto a la especialización, aunque la población objetiva de éstos disminuye cuantitativamente.

➢ **Competencia y estrategia a nivel mundial.** Una de las formas de competir en el mercado internacional sería establecer una estrategia de planificación en cuanto a inversión y costes teniendo en cuenta las economías de escala. Una pequeña empresa puede desarrollar un proceso de internacionalización donde tendrá que invertir, sin embargo, la estandarización de sus procesos en el mercado internacional junto con la potencialidad de un mercado global reducirá unitariamente sus costes, optimizando por tanto sus inversiones.

La internacionalización de la economía conlleva los siguientes cambios:

➢ Las empresas renuncian en ocasiones a invertir en el mercado doméstico debido a su saturación a favor de una expansión internacional

➢ El continuo surgimiento de países en vías de industrialización favorece la tentativa de comercializar en dichos países. Obviamente las empresas de países desarrollados como Estados Unidos, Alemania, Reino Unido cuentan con mejores infraestructuras y cultura empresarial para acceder a dichos mercados.

➢ La aparición de países inversores como es el caso de Japón permite superar a sus empresas todo tipo de barreras y restricciones que había tenido con anterioridad.

> El Ayuntamiento de Nueva York acaba de elegir en 2011 a la empresa de automoción Nissan como proveedor de los míticos taxis. ¿Quién lo iba a imaginar hace unos años?

➢ Nueva configuración del mapa geopolítico con la aparición de zonas de influencia como el ASEAN, que cada año suma más países como China y Japón. Podemos declarar con seguridad que China hoy en día es el país con más inversión productiva extranjera en el mundo y que se ha convertido en una de las tres primeras potencias económicas mundiales. Además de la zona Sudeste Asiático existen otras naciones que están protagonizando un desarrollo continuado, como es el ejemplo de los BRIC (Brasil, Rusia, India y China).

2. TEORÍAS DE LA ECONOMÍA INTERNACIONAL

Las teorías de la economía internacional tratan de explicar porque los países intercambian mercancías y movimientos de capital entre sí.

> Todos los flujos que genera este intercambio se pueden analizar mediante tendencias y patrones que ayudan a planificar las estrategias en las empresas.

2.1. TEORÍA DE ADAM SMITH (VENTAJA ABSOLUTA Y COMPARATIVA)

Adam Smith presentó las ventajas de libre cambio en *La riqueza de las naciones* (1776), pero se limitó a decir que las mercancías se producirían allí donde los costes fuesen menores. En esta obra también expuso la teoría de ventaja absoluta, que establece la primera explicación teórica del comercio internacional. Según sur razonamiento, si no hubiera barreras comerciales cada país se especializaría en aquellos productos en que tuviera una ventaja absoluta en relación con otros países. Se consolidarían los recursos productivos (trabajo y capital) en aquellos sectores en los que el país dispone de ventajas competitivas sobre los otros; los costes descenderían por la acción de las economías de escala. El resultado sería la especialización internacional que posibilitaría menores cos-tes y mayor bienestar para todos los componentes del comercio.

> Si para elaborar una unidad del producto X son necesarias 10 unidades de trabajo en el país A y 20 unidades en el país B, y si crear una unidad del producto Y necesita 20 unidades de trabajo en el país A y sólo 10 en el B, por lo tanto, los dos pueden ganar comerciando. Si estos países intercambian los dos productos en la relación 1 a 1 (una del producto X por otra del Y), el país A conseguiría una unidad del producto Y con sólo 10 unidades de trabajo, en cambio sí le tocará fabricarlo a él tendría que utilizar 20 unidades de trabajo.

Esta teoría sigue siendo útil en la actualidad, puesto que las industrias serán rentables en función de la reducción que obtengan en los costes de producción.

2.2. PRINCIPIOS DE ECONOMÍA POLÍTICA Y TRIBUTACIÓN DE DAVID RICARDO

David Ricardo con su obra *Principios de economía política y tributación* (1817) sentó las bases teóricas que explican las ventajas que los países pueden alcanzar por medio del comercio internacional. Añade a la teoría de Adam Smith, que, si un país posee una ventaja absoluta con respecto a otro en la producción de dos bienes, hay ventajas en la especialización, puesto que su ventaja será superior en un bien que en otro. Esta es la teoría de la ventaja comparativa, para que exista ésta tienen que existir como mínimo dos países que produzcan dos bienes. Se contrasta la diferencia entre los costes de producción de un bien con la relación del otro bien en ambos países.

El resultado de esta teoría es que cada uno de los países se especializará en aquel producto que le resulte más rentable, tanto para su consumo propio, como para la exportación, e importará aquellos productos que no sea su fabricación tan económicos.

La ventaja comparativa demuestra que el libre comercio optimiza la distribución de recursos y va dirigida a rendimientos más productivos, en consecuencia, se obtiene un mayor grado de bienestar. La extinción de algunos sectores a causa de esta liberación comercial de las importaciones viene dada por un entorno económico desfavorable (inflación, elevados sueldos, déficit público, etc.) y en muchos casos por una mala gestión empresarial.

Para explicar la teoría de la ventaja comparativa y la relación real de intercambio, Ricardo mostraba el cambio de tela por vino que beneficiaba a Portugal e Inglaterra, aun-que no cuantificaba dicho cambio, es decir, no hacía referencia al precio internacional de tela. Aunque los costes de exportación fueran iguales en ambos países, en Portugal se podría intercambiar tela por vino en la proporción 90/80, un metro de tela por casi litro y medio de vino. Mientras que en Inglaterra la proporción de tela sería 1 metro de tela por 0,8 litros de vino. El precio final al que se hace el intercambio depende de la demanda de cada país por los productos del otro, esto es, la relación real de intercambio (R.R.I)

2.3. TEORÍA DE MILL

Mill fue quien explicó cómo se distribuyen las ventajas entre los países. También formuló la ecuación de demanda internacional y la teoría de demanda recíproca, que superaba y corregía en ciertos aspectos la teoría de Ricardo. El avance de Mill es el estudio de cómo se repartirán los beneficios del comercio entre ambas naciones. Para desarrollarlo se basa en el análisis oferta-demanda y explica como la distribución de las ganancias del comercio depende de los precios relativos de los bienes que un país produce. Pero como para determinar dichos precios relativos es necesario analizar la oferta y demanda relativa de bienes, lo que Mill logra es incluir el análisis del comercio internacional, basado en los costes comparativos, como un caso particular de su análisis general de la demanda recíproca cuyo centro es la ecuación de demanda internacional.

O, al contrario, también podemos entender que el caso general es la teoría de los valores internacionales mientras que la teoría de los valores interiores es un caso particular que se basa en la plena movilidad de factores. En palabras del propio Mill: *"Los productos de un país se cambian por los de otros países a los valores que se precisan para que el total de sus exportaciones pueda exactamente pagar el total de sus exportaciones. Esta ley de valores internacionales no es sino una ampliación de la ley general del valor, a la que hemos llamado ecuación de la oferta y la demanda [...] De modo que la oferta y la demanda no son sino otra forma de expresar la demanda recíproca".* (Mill, J.S, 1978, p. 511).

> La ecuación de demanda internacional asegura que se alcanzará un equilibrio en los mercados internacionales, gracias a la "competencia" entre compradores y vendedores, o ley de oferta y demanda, de modo que el precio del total de bienes que el país importador desea recibir coincida exactamente con el total de bienes que el país exportador desea enviar.

La conclusión más importante que se extrae del análisis de Mill sobre los valores internacionales es que la proposición *el comercio es beneficioso* es incondicional. Por lo tanto, no es indispensable que un país sea competitivo para beneficiarse del comercio internacional. Y es justamente en aquellos pasajes en los que Mill se dedica a exponer por qué los impuestos, aranceles y demás medidas proteccionistas no benefician al conjunto de las naciones, donde encontramos las afirmaciones más contundentes en contra de cualquier limitación al libre comercio internacional. Valga como ejemplo el siguiente pasaje en el que critica la utilidad de un impuesto sobre las exportaciones: *"Por consiguiente, si la moralidad internacional fuese correctamente comprendida, esos impuestos no existirían, porque son contrarios a la riqueza universal".* (Mill, J.S, 1997, p. 49).De este modo queda configurada la llamada teoría clásica de los valores internacionales.

2.4. MODELO DE HECKSHER – OHLIN

Ya en el siglo XX, con la obra de Ohlin *Comercio interregional e internacional* (1993), se produce un avance significativo en la teoría del comercio internacional. Entra en juego una "nueva" explicación que viene a completar a la teoría de la ventaja comparativa para dar lugar a la teoría tradicional o neoclásica del comercio: la teoría de las proporciones factoriales o modelo de Heckscher-Ohlin. Según esta teoría y en palabras del propio Ohlin: *"...generalmente los factores abundantes son relativamente baratos y los factores escasos relativamente ca-ros en cada una de las regiones. Aquellas mercancías que en su producción requieren una buena cantidad de los primeros y pequeñas de los segundos se exportan a cambio de bienes que utilizan factores en la proporción inversa. Así, indirectamente, los factores cuya oferta es abundante se exportan y aquellos otros con oferta más escasa se importan".* (Ohlin, B, 1971, p. 98).

> Los países tienden a importar bienes que son intensivos en los factores en los que tienen oferta escasa y a exportar aquellos intensivos en los factores de los que tienen oferta abundante.

Para que las conclusiones de la teoría sean válidas es necesario que se cum-plan una serie de supuestos restrictivos, de cuya relajación se derivarán algunas de las conclusiones de las nuevas teorías del comercio. Estos supuestos son:

✓ Existen dos países, dos bienes y dos factores de producción (trabajo y capital).
✓ Los bienes son perfectamente móviles entre los países (no hay costes de transporte ni impedimentos al libre comercio), mientras que los factores se mueven libremente entre las dos industrias dentro de cada país, pero no pueden desplazarse de un país a otro.
✓ Existe competencia perfecta en los mercados de bienes y factores, que se vacían completamente a los precios de equilibrio.
✓ Las funciones de producción de ambos países son iguales y presentan rendimientos constantes de escala y productos marginales decrecientes para ambos factores.
✓ Tanto la tecnología disponible por ambos países para producir ambos bienes como sus avances se incorporan de modo instantáneo a los procesos productivos sin coste alguno.
✓ Las preferencias de los agentes son idénticas en ambos países.

> Esta teoría supone un desarrollo que supera a la ventaja comparativa, pero no representa una modificación radical de los principios de Ricardo y Mill. Las causas que explican el comercio siguen siendo las mismas (los países son diferentes y sus producciones se complementan entre sí), pero el nuevo modelo aporta una solidez que, una vez formaliza-da por Samuelson, se convirtió en doctrina absolutamente dominante en el campo de la teoría económica.

Parece ser que el modelo neoclásico no explica completamente el comercio internacional hoy. Esta teoría flaquea en algunos sentidos a la hora de explicar los intercambios internacionales debido a unos supuestos excesivamente restrictivos. Al incorporar en el análisis la competencia imperfecta y los rendimientos crecientes de escala aparecen nuevas explicaciones de por qué se comercia mientras que consideraciones acerca de las externalidades tecnológicas, la concentración oligopolista de determinadas industrias y las curvas de aprendizaje podrían justificar políticas comerciales distintas del *laissez faire*. La teoría neoclásica entiende el comercio internacional como un juego en el que todos ganan, y no una lucha en la que hay vencedores y vencidos. Naturalmente los países competirán por conquistar nuevos mercados para vender en ellos sus productos, pero ver el comercio internacional como una guerra en la que hay que proteger nuestros mercados y vencer al enemigo (los otros países) sería, según la teoría tradicional del comercio internacional, un error.

Respecto a la teoría de la ventaja comparativa de la que hablaba David Ricardo, en la que decía que el trabajo es el único recurso productivo de bienes y que el coste laboral sería definitivo para la especialización productiva, podríamos matizar esta teoría diciendo que existen países exportadores de bienes no porque la productiva sea mayor, sino porque existen otros factores como materias primas o capital. Podemos citar el caso de los países productores de petróleo (Arabia Saudí o Venezuela).

En general, los países con mucha mano de obra barata tienen la tendencia a exportar bienes de poco valor añadido, como es el caso de China o India. Los costes y precios de bienes producidos en un país son distintos debido a que ca-da bien necesita una combinación diferente de producción y oferta.

Hecksher y Ohlin trataron de explicar que solamente hay dos recursos productivos. En un hipotético mercado en equilibrio cada país tendería a exportar aquellos bienes intensivos en el factor productivo del que tiene mayor oferta en relación con otro factor como podría ser el grano que necesita de miles de hectáreas y que su coste de producción es bajo. Por lo tanto, los países que tengan grandes extensiones de cultivo de este producto disponen de una ventaja competitiva con respecto a los demás.

Cuando en un sector los precios de exportación aumentan experimentan gran-des beneficios según la utilización de bienes intensivos en factores de producción con gran rotación. En la práctica, algunos países con mano de obra barata exportan bienes intensivos en trabajo, aunque se puede aplicar también a países con bienes intensivos en capital. Estos últimos son menos frecuentes. Estas conclusiones se conocen como la evidencia de Leontieff, que se puede resumir de la siguiente forma:

➢ El trabajo es diferente en cada país, depende fundamentalmente del sistema educativo, evolución de las condiciones laborales, etc.
➢ El capital es heterogéneo. Muchas multinacionales pueden desarrollar diferentes sistemas productivos en su país de origen y en los países en los que deslocalizan sus filiales productivas.

2.5. TEORÍA DE BRANDER Y SPENCER

James Brander, de la universidad de British Columbia, y Barbara Spencer, del Boston College, elaboraron un modelo que trataba de explicar cómo los gobiernos de naciones donde se localicen empresas que actúen en mercados oligopólicos pueden tener incentivos para realizar una política comercial activa y agresiva con el fin de que la empresa nacional logre captar la mayor cuota de mercado posible (en el límite de convertirse en monopolio), aumentando así el bienestar nacional a través del aumento de los beneficios de las empresas nacionales.

> Este modelo, el más famoso y extendido de los que se refieren a la política comercial estratégica, presenta un resultado espectacular, además de ser asombrosamente sencillo y riguroso.

La exposición inicial de los autores no se basa directamente en un enfoque de teoría de juegos, pero la claridad y contundencia que proporciona dicho enfoque ha hecho que, en su difusión, más allá de los artículos iniciales, el enfoque de la teoría de juegos haya desplazado al gráfico-matemático. Pasamos a continuación a exponer el modelo en su versión de teoría de juegos y posteriormente presentaremos un enfoque gráfico del mismo.

Supongamos que existe una industria en la cual, al no existir competencia perfecta, se produce un fallo de mercado. Esta empresa es un duopolio mundial, donde operan una empresa nacional (empresa B) y una extranjera (empresa A). Al encontrarnos en una empresa imperfectamente competitiva en esta industria habrá beneficios extraordinarios, es decir, los beneficios que se pueden lograr en ella están por encima de los que se obtendrían en cualquier otra inversión posible, para un mismo nivel de riesgo. Las empresas intentarán hacerse con la mayor porción posible de beneficios, dado que son maximizadoras. Habrá una competencia internacional para capturarlos. Supongamos también que ambas empresas venden sus productos en un tercer mercado que no es ni el país A ni el B (donde se localizan A y B respectivamente). En principio, nada nos permite suponer que una de las empresas vaya a lograr hacerse con un mayor monto de beneficios si parten de situaciones iguales. Siguiendo con el ejemplo anterior, la matriz de resultados de juego, en ella se ven los beneficios o pérdidas que ambas empresas pueden obtener dependiendo de cómo se comporten. Nos encontramos ante una situación en la cual debemos analizar el comportamiento estratégico de ambas empresas.

Considerar a las empresas A y B como productoras de aviones comerciales. Esto implica que nos encontramos ante una industria con importantes barreras de entrada, donde el bien producido tiene un precio muy alto y se emplea más tecnología (que a su vez puede tener importantes efectos externos). Supongamos que ambas empresas son capaces de producir un nuevo avión que está siendo demandado por multitud de líneas aéreas, un jet de 200 pasajeros que incorpora nueva tecnología, estas dos empresas son las únicas en el mundo capaces de producirlo. Por simplicidad, supongamos que las empresas deben decidir entre producir o no en el mercado; no caben opciones intermedias.

Este ejemplo nos indica que si ambas empresas producen el avión ambas incurrirán en unas pérdidas de 10, esto significa que no hay "espacio suficiente" para dos empresas en este mercado. Si la empresa A produjese y la B no, entonces la empresa A se llevaría todos los beneficios 100 y B no se llevaría nada y viceversa. Y si ninguna produce el resultado es 0. En principio ninguna empresa produciría el avión, ya que correrían el riesgo de obtener pérdidas. Pero como el avión no va a quedar sin construir, supongamos que es la empresa A la que cuenta con una ventaja inicial que consiste en decidir antes que la empresa B si produce o no. En este caso, la empresa B no tendrá incentivos para producir, una vez que la empresa A entra en la estrategia dominante será quien obtenga unos beneficios de 100. Consideremos ahora que la empresa B encuentra un modo de producir más eficientemente, con lo que logra reducir sus costes en 20 ¿Cómo afecta esto al juego? Habrá que sumar 20 a los resultados que obtiene B cuando entra en el mercado.

Observamos que existe una estrategia dominante para la empresa B. Ésta reduciendo costes logrará un aumento de su capacidad productiva y por lo tanto será más rentable. Cuando la situación de la empresa B mejora, la empresa A se retiraría del mercado debido a que piensa que la empresa B ha alcanzado una estabilidad en el mercado. Otra de las figuras que podría entrar en juego sería el Gobierno que podría subsidiar a la empresa B, ya que estaría más que justificado debido al aumento de los beneficios de la empresa B, por lo tanto, el Gobierno aumentaría la recaudación de impuestos. Podemos observar que en la intervención del Gobierno desequilibra la ventaja inicial que tenía la empresa. Esto nos permite llegar a una serie de conclusiones de que el Gobierno puede subsidiar a empresas nacionales sin ningún tipo de cortapisas. Por lo tanto, en el comercio internacional, que aparentemente está regido por acuerdos multilaterales de la OMC, influirá a la hora de imponerse sanciones o trabas a los subsidios a la exportación. En la práctica, muchos países no respetan estos acuerdos y tampoco existe una capacidad sancionadora

2.6. NUEVA TEORÍA DE LA ECONOMÍA INTERNACIONAL

Ya hemos visto las teorías clásicas del comercio internacional a través de la ventaja comparativa, cada país produce los bienes según su ventaja diferencial y a través del intercambio se complementan. La suma de estos recursos, fuerza laboral y el capital determinan el patrón en el comercio internacional. Según la teoría tradicional, debido a que los países se complementan en cuanto a la producción, todo el comercio debería de ser un intercambio cuasi perfecto.

> Los intercambios de los países miembros de la UE aumentaron a la enésima potencia después de establecer la Unión Aduanera.

Como vemos, este ejemplo no responde al modelo de complementariedad productiva entre naciones de Hecksher y Ohlin, sino que es un intercambio intraindustrial.

Las causas respecto al elevado comercio intraindustrial de los países más desarrollados son las economías de escala y la importancia del valor añadido de los productos. Las ventajas de los rendimientos crecientes de escala junto con la diversificación de la demanda de los países más avanzados han sido determinantes para establecer nuevas conclusiones de por qué se comercializa, así como explicaciones de nuevas ventajas que suponen los nuevos mercados internacionales. En cuanto a la teoría del bienestar, el comercio internacional permite que muchos de los bienes que son demandados en un país y que tienen alguna funcionalidad para los ciudadanos, lleguen a sus manos. Sin este intercambio el bienestar sería menor para las economías más desarrolladas. Podemos afirmar que el intercambio internacional mejora el bienestar mundial.

> Una política comercial que obstruya el libre cambio perjudica el bienestar de los ciudadanos.

2.7. TEORÍA DE LA ORGANIZACIÓN INDUSTRIAL

En la teoría de la organización industrial están muy ligadas las teorías del comercio basadas en la imperfección de los mercados como las justificaciones del proteccionismo en general. En particular los sectores estratégicos, apoyados por una política industrial activa, son aquellos que presentan barreras de entrada. Pasamos a explicar las barreras de entrada:

Las barreras de entrada. Son uno de los requisitos para considerar un sector como estratégico. La existencia de estas barreras hace que un mercado sea imperfecto competitivamente. Los Gobiernos podrán incentivar una política industrial activa que intente desplazar beneficios hacia las empresas nacionales. La no existencia de barreras es un síntoma de perfección competitiva.

> Según Bain, las barreras de entrada son aquello que permite a las empresas establecidas lograr beneficios extraordinarios elevando el precio por encima del nivel competitivo sin inducir a nuevas empresas a entrar en el sector.

Bain señala cuatro factores que definen la imperfección del mercado:

- La existencia de economías de escala. Es uno de los elementos más importantes para que se produzcan mercados en oligopolio.
- Ventajas absolutas de costes.
- Necesidades iniciales de capital.
- La diferenciación de productos.

Las barreras de entrada reducen el bienestar porque crean poder de mercado. Crean sectores estratégicos, sectores con mayor valor añadido, cuando estos sectores compiten en el mercado internacional ya no está tan claro que las barreras de entrada reduzcan el bienestar nacional, por tanto, el gobierno puede regular subsidiando a empresas nacionales que compi-ten internacionalmente. Podemos distinguir dos tipos de barreras de entrada:

➢ Las que surgen de manera natural. Como son empresas que ejercen un monopolio (el caso de Telefónica).
➢ Las que surgen como consecuencia de acciones estratégicas, bien por parte de grupos de empresas o bien por el Gobierno.
➢ Economías de escala. La existencia de rendimientos crecientes a escala resulta fundamental por dos motivos:
➢ Son la causa fundamental de la existencia de comercio intraindustrial. Tal como explica el modelo neoclásico, si tenemos dos países, uno con abundancia de capital y otro con abundancia de trabajo y ambos presentan rendimientos constantes y funcionan en competencia perfecta, el patrón de comercio corresponde a un país donde tan sólo existe comercio intraindustrial.

Una situación muy parecida ocurre cuando existen rendimientos crecientes a escala (los costes medios disminuyen con el aumento de la producción) y el mercado de manufacturas, en vez de funcionar en forma de competencia perfecta, lo hace en forma de competencia monopolística según el modelo de Chamberlain. En este caso se produce una especialización intraindustrial. Esto sucede porque a ninguno de los países le conviene satisfacer completamente la diversificada demanda de manufacturas que hacen que sus ciudadanos, ya que si lo hacen no aprovechan las economías de escala.

> Al existir rendimientos crecientes a escala, a las empresas les conviene especializarse en determinados bienes y satisfacer la demanda nacional e internacional de esas manufacturas.

Por lo tanto, lo que sucede es que, dada la diversidad de demanda de manufacturas de ambos países, el país 1, a pesar de ser un exportador neto de manufacturas, también demandará manufacturas producidas en el país 2, dando lugar al comercio intraindustrial. A su vez los consumidores de ambos países se ven beneficiados por dos motivos:

➢ Disfrutan de una mayor variedad de productos (sustitutivos cercanos).
➢ Pagan un precio menor por ellos derivado de la reducción de costes para las empresas que aprovechan de los rendimientos crecientes a escala.

En resumen, la introducción de las economías de escala en el modelo amplía las explicaciones de por qué se comercia: el comercio interindustrial que se deriva de la ventaja comparativa. Sin embargo, qué país produce qué manufacturas y qué cuantía alcanza el comercio intraindustrial sobre el total, queda indeterminado. Tan sólo sabemos que, aunque ambos países tengan idénticas dotaciones de factores habrá comercio intraindustrial y que cuanto más parecidas sean estas dotaciones el comercio intraindustrial representará un mayor porcentaje del comercio total. Las economías de es-cala serían en este caso la explicación fundamental del comercio mientras que la ventaja comparativa prácticamente no explicaría nada.

El segundo motivo es que son causantes de barreras de entrada. Las economías de escala motivan la aparición de barreras de entrada.

> Existen economías de escala o rendimientos crecientes a escala cuando, al multiplicar todos los factores de producción por una cantidad, la producción se multiplica por un número mayor que esa cantidad.

La concentración industrial, los procesos de fusiones y adquisiciones o el rápido aumento de la producción por parte de una empresa en sus primeros años de vida incluso incurriendo en pérdidas (economías de escala dinámicas), son fenómenos que suelen responder a motivos estratégicos de las empresas para poder aprovechar las economías de escala, es decir, para reducir sus costes unitarios merced al aumento de la producción. Pero cuando las empresas hacen esto, al mismo tiempo están erigiendo barreras de entrada a la industria para sus competidores potenciales. Esto sucede porque si una empresa es capaz de reducir sus costes medios gracias al aumento de la producción, su potencial competencia, que no tiene una capacidad instalada tan grande, no podrá poner sus productos en el mercado a un precio competitivo.

Muchas veces la concentración industrial responde a acciones estratégicas de las empresas. Pero las economías de escala como causa de las barreras de entrada parecen surgir de manera natural porque es innegable que la mayoría de los sectores industriales presentan rendimientos crecientes a escala. Además, la lógica del sistema capitalista parece proclive a los procesos de concentración de capital con el fin de aprovechar este hecho. En los procesos de producción industriales la ampliación de las plantas productivas permite reducir los costes unitarios.

Ante situaciones de este tipo la política industrial puede intentar mediante la regulación bien reducir la ineficiencia de situaciones imposibles de solucionar (por ejemplo regular los precios de los mercados que son monopolios naturales), o bien fomentar la competencia combatiendo la concentración, los abusos de posición dominante, los acuerdos horizontales y cualquier otro tipo de práctica similar para frenar la concentración, que resulta especialmente acusada en sectores como los de las tecnologías de la información.

La inversión en I+D. Resulta fundamental para el aumento del bienestar de los consumidores y para el desarrollo del sistema capitalista porque es necesario aumentar la productividad, reducir costes e inventar nuevos productos continuamente para que el sistema pueda sostenerse. Pero no resulta tan claro el carácter de bien público o privado de las distintas etapas de la investigación, ni qué importancia tienen sus efectos externos, ni tampoco la efectividad de los sistemas de patentes y por lo tanto el nivel de copia de innovaciones de unas empresas a otras. De todo ello surge una gran controversia acerca de si la inversión en I+D debe ser pública o privada.

Suelen distinguirse tres categorías de la investigación:

➢ La básica. Destinada a la obtención de conocimientos científicos no orientados a un fin o aplicación práctica específica.

➢ La aplicada. Incluye los trabajos con una finalidad práctica concreta que parten de la investigación básica.

➢ La investigación para el desarrollo o I+D. Resulta de la utilización de los trabajos de las investigaciones anteriores para la explotación de nuevos productos o procedimientos o para mejorar los ya existentes.

La primera de estas categorías, que suele realizarse en universidades u otros centros de producción de conocimiento, pero no en empresas priva-das, reviste la forma de bien público, y como tal, a falta de intervención pública, existe una tendencia a una producción insuficiente. En esta primera etapa resulta lógico pensar que el estado debe financiar parte de la investigación para corregir este fallo de mercado, más aún si tomamos en cuenta los efectos externos positivos que tiene para el conjunto de la economía. Pero en las otras dos categorías la investigación ya no se adapta a la definición de bien público y además a lo largo de la historia estas innovaciones han partido del seno de las empresas privadas.

Entonces debemos preguntarnos ¿existe una insuficiente producción de investigación aplicada y para el desarrollo?, ¿debe el estado financiar esta investigación mediante subsidios a empresas privadas? o ¿qué estructura de mercado presenta más incentivos para la innovación?

Los defensores de la política comercial estratégica sostienen que el estado debe mantener una postura activa financiando tanto la investigación que realizan las empresas privadas como promoviendo la creación de instituciones tanto públicas como privadas que fomenten la creación del conocimiento. Argumentan que las empresas privadas no tienen incentivos suficientes para invertir en I+D la cantidad que sería socialmente óptima y, por lo tanto, especialmente debido a los cuantiosos beneficios que presentan las industrias de alta tecnología, a sus externalidades positivas y a la agresividad de la competencia internacional, resulta conveniente para el con-junto de la economía que la política industrial se ocupe del fomento a la inversión en altas tecnologías. El argumento que subyace aquí es, una vez más, el de las barreras de entrada. Si las empresas nacionales logran desarrollar una importante innovación gracias al apoyo gubernamental mediante subsidios a la I+D tendrán posibilidad de bloquear la entrada a sus potenciales rivales extranjeros gracias a la reducción de costes o al desarrollo de productos totalmente nuevos derivados de la investigación.

El sólo anuncio de que el Gobierno va a subsidiar la inversión en I+D de una empresa nacional en el desarrollo de un nuevo producto, podría ser suficiente para "intimidar" a sus potenciales competidores en el extranjero y hacer que se retiren en el desarrollo de ese bien. De este modo el nivel de inversión en I+D que presta el Gobierno funciona como una señal que se emite al mercado haciendo que las empresas nacionales sean percibidas por sus competido-res como más poderosas.

Debido a la importancia de los accidentes históricos en la creación de ventajas comparativas, resulta indispensable que el estado apoye inversiones en mercados con un gran potencial de crecimiento, pero cuyas inversiones están sometidas a grandes riesgos que las empresas por sí mismas no están dispuestas a asumir. Estos riesgos se derivan tanto de la posibilidad de fracaso de algunas inversiones como de la imposibilidad para las em-presas de apropiarse de todos los beneficios de dichas inversiones debido a la ineficacia de los sistemas de patentes.

Es sabido que el sistema de Windows de Microsoft, hoy líder absoluto en el sector de la informática es una copia del sistema Machintosh.

El argumento que utilizan los defensores de la política comercial estratégica para reivindicar el aumento de los subsidios a la I+D se basa en el supuesto de que existen o existirán beneficios extraordinarios en sectores de altas tecnologías y que a un país le interesa que estos beneficios vayan a parar a su interior y no a sus competidores extranjeros. Resulta entonces conveniente analizar si es correcta esta visión del mercado mundial como una "lucha entre países" donde las empresas aparecen como representan-tes de éstos. La economía internacional en competencia imperfecta. Desde la segunda guerra mundial el comercio exterior aumento en aquellos países industriales provistos de factores de producción similar. En la actualidad un tercio del comercio internacional está compuesto por el mercado existente entre los países de la OCDE. Esta situación ha dado lugar otras teorías que se integran en el análisis clásico, para demostrar el mercado existente entre naciones en las que se da un estado de competencia imperfecta más acorde con la realidad actual del mercado. A continuación, vamos a estudiar los principales planteamientos con respecto a esta coyuntura.

2.8. COMERCIO INTERNACIONAL Y ECONOMÍA DE ESCALA

Para comenzar tendremos que diferenciar entre economías de escala nacionales e internacionales:

☐ Las nacionales tienen lugar dentro de la empresa y están relacionadas con el tamaño de la fábrica. El motivo de éstas reside en la disminución de costes originada por la especialización o mejoras en la organización.

☐ Las internacionales se encuentran fuera de la empresa y tienen que ver con el tamaño del mercado mundial. Se corresponden a un sector determinado en el que comprende todas las empresas tanto nacionales como extranjeras. El origen de las economías de escala en este caso es un componente externo a la propia empresa: el sector en el que trabaja.

El principal resultado de las economías de escala es que a consecuencia de los rendimientos crecientes que las empresas están capacitadas para alcanzar, puede originar que en un número reducido de grandes empresas se centralice la producción, dando lugar a un oligopolio de oferta. En un mercado de estas características los beneficios no le corresponden a una sola empresa como es el caso de un mercado monopolístico, sin embargo, no se presenta la situación de competencia perfecta deseada.

En un sector en el que las empresas presentan un producto que el público lo percibe como distinto al que el resto de la competencia, no sólo tienen lugar las economías de escala externa, sino también competencia monopolística. Como consecuencia de esta especialización cada empresa procede con una política de precios parecida a la monopolista y tendrá la posibilidad de conseguir economías de escala proyectando su mercado hacia el exterior.

Las teorías explicativas en materia de economía de escalas ponen de manifiesto que se llevarán a cabo relaciones comerciales entre países hasta en la supuesta situación en la que todos tuvieran en proporciones iguales los mismos recursos productivos y se utilizarán para fabricar la misma cantidad de bienes en todos los sectores industriales. Debido a las economías de escala, aquellos países que gocen de mayor productividad conseguirán ventajas competitivas en la fabricación de determinados bienes, que por norma general es en los que se suelen especializar.

> Un claro ejemplo de comercio internacional basado en las economías de escala son aquellas empresas, que, por una situación oligopolista en su sector, se han visto en la obligación de externalizar sus procesos en otros países con el fin de alcanzar mayor y mejor productividad.

2.9. COMERCIO INTERNACIONAL Y TECNOLOGÍA

El modelo de Posner establecía que una empresa con una ventaja tecnológica en la producción de un bien tendería a exportarlo. Bajo esta premisa, en cuanto la ventaja competitiva se conoce en el mercado internacional, dicha ventaja tiende a quedarse obsoleta, aunque aparecerán nuevos inventos y tecnologías punteras que renovarán el mercado. Estas innovaciones tienden a concentrarse en determinados sectores consiguiendo organizarse en agrupaciones industriales llamados clusters. Esto aportaría un ahorro de costes, puesto que comparten los mismos recursos.

> Un cluster industrial es una agrupación de empresas y auxiliares del mismo sector, situadas en una misma área geográfica.

En cuanto a los flujos comerciales internacionales, existen estudios sobre la importancia de la tecnología en varios sectores y diferentes países, como es el caso de Soate. Algunas de las conclusiones a las que llegaba en sus estudios, eran que la proporcionalidad existente en las patentes está directamente relacionada con la competitividad del país. En Europa, podemos citar el caso de Alemania. Por ejemplo, en las patentes de biotecnología, hay registradas en el mundo más de 7.000. Alemania es el país que más registros tiene (unas 1369) seguido de Estados Unidos (con más 2500).

Otro estudio realizado por Fagerberg, muestra que los países con más crecimiento en su P.I.B y exportaciones han sido aquellos que han crecido más en factores tecnológicos y capacidad inversora.

> Alemania y Japón crecieron exponencialmente en P.I.B y exportaciones después de la segunda Guerra Mundial, gracias a que sus costes laborales unitarios se incrementaron más rápidamente.

Hoy en día, esta diferencia en tecnología conlleva a que existan países cuyas industrias se especialicen en productos de poco valor añadido y otros países con mayor tecnología aporten productos con un altísimo valor añadido.

2.10. COMERCIO INTERNACIONAL Y DIFERENCIACIÓN DEL PRODUCTO

Una de las características del comercio internacional de los últimos tiempos ha sido el aumento del comercio de importación y exportación simultánea en un mismo país de productos que pertenecen al mismo sector. Es el caso de la industria del automóvil. Según Linder, la causa que más influye en los intercambios internacionales de productos manufacturados es la estructura de la demanda en cuanto a sus características y calidades en el producto que se consume en un país. Cuando se homogenizan los gustos del consumidor, el comercio internacional de productos elaborados será mayor. Aparentemente las empresas de un mismo sector producen bienes de similares características sobre todo en cuanto a tangibles (propiedades físicas y calidades), sin embargo, la diferenciación reside en los intangibles (calidad del servicio, marca, garantías, etc). Por lo tanto, esto permite que el precio no resulte una variable tan importante.

En un mercado globalizado y con gustos muy similares resulta difícil destacar con un producto especializado. Sin embargo, una de las claves para tener éxito en el comercio internacional es precisamente tratar de estandarizar el producto y sus procesos y a la vez especializarse en un ni-cho concreto del mercado.

2.11. COMERCIO INTERNACIONAL Y CICLO DE LA VIDA DEL PRODUCTO

La célebre analogía de R. Vernon (1966) ha sido muy empleada y continúa siendo útil a la hora de pensar la estrategia de una organización. Saber en qué somos buenos y dónde actuamos es importante, pero es conveniente analizar al detalle la dinámica de nuestro mercado, simplemente porque cambia constantemente y una buena estrategia, recordemos, siempre se vincula al ciclo de vida de los productos – servicios – mercados de la empresa. No competimos igual en un mercado que crece, que está maduro o declina (García y Sabater, 2004).

La primera fase del ciclo de vida del producto comienza mediante la fabricación y el diseño de un nuevo producto con el fin de venderlo en el mercado doméstico y mercado internacional. En fases posteriores, algunos países industrializados deciden deslocalizarse a países en vías de desarrollo con el fin de abaratar cos-tes en mano de obra. Desde estos países exportan al mercado internacional. Una de las razones para deslocalizarse sería el aumento de la inversión en I+D+i de un producto para ser competitivo y que, por lo tanto, una mano de obra barata facilitará la competitividad de dichos productos. Sin embargo, se ha demostrado por parte de varios países (Alemania y Japón) que una mano de obra muy cualificada, aunque cara permite también ser competitivos. Todo depende del valor añadido que se le dé al producto desde el origen. El modelo de ciclo de vida de un producto manufacturado atraviesa cuatro etapas principales:

Introducción: Es la primera etapa donde se crea un producto y es innovado. La fabricación y su posterior comercialización se realizan en el país de origen. Esto se debe a que las decisiones que se toman en dichas empresas responden al conocimiento exhaustivo de su mercado doméstico. Existe también una relación directa entre la producción y la demanda del consumidor nacional. Normalmente la innovación tiene lugar en los países más desarrollados, puesto que cuentan con una demanda suficiente de nuevos bienes por parte de un segmento de mercado de alto nivel adquisitivo. Es difícil que en un país en vías de desarrollo exista una clase media con suficiente poder adquisitivo para que la demanda de estos productos sea rentable. En los países más industrializados encontramos que la población tiene un mayor nivel educacional y técnico para valorar productos novedosos.

Esta primera parte resulta muy intensiva en cuanto al proceso productivo y de mano de obra. Si bien se están implementando procesos estandariza-dos para su posterior producción en serie, todavía es prematuro decir que el proceso en serie es alcanzado en esta fase. Las empresas que suelen invertir en un proceso innovador de su producto tienen mayores oportunidades de comenzar a abrir mercados.

Crecimiento: En esta etapa se produce un aumento de la demanda del mercado doméstico, así como por parte de la exportación. Por lo tanto, en términos productivos las empresas comienzan a aumentar su volumen y facturación. Cuando la empresa empieza a expandirse a nivel internacional obviamente aumentan los mercados potenciales. La empresa debe analizar cuidadosamente la logística y las condiciones aduane-ras de cada mercado (aranceles, impuestos, barreras técnicas). Esta etapa significa un esplendor productivo en serie y la empresa debe invertir en maquinaria industrial con el fin de ser más competitiva y poder servir grandes volúmenes de pedidos a varios mercados internacionales. Comienzan a aparecer competidores y los precios comienzan a fluctuar.

Madurez: El proceso de madurez significa que el producto ha sido aceptado masivamente por el mercado y que ha habido incrementos en cuanto a la demanda y productores del mismo sector. Aparece una amalgama de estrategias para competir en dicho mercado, algunas enfocadas hacia "bottom price" o hacia la especialización donde se puede mantener precios altos. Puesto que estamos en una etapa muy competitiva, algunas empresas van desapareciendo debido a que no pueden soportar la guerra de precios. Unas optan por deslocalizar sus filiales productivas, estableciendo Joint ventures o empresas mixtas con socios extranjeros, y otras deciden aplicar un valor añadido superior a sus productos, con lo cual les permite mantenerse en el mercado.

El precio más bajo que puede dar una empresa sin llegar a tener pérdidas es a lo que denominamos Bottom price.

Declive: Hemos llegado a la última etapa de vida del ciclo del producto. En ella el bien ya no seduce al mercado puesto que tiene unos competidores más atractivos para el consumidor, o bien tienen una innovación superior o aportan una mayor calidad. Los países más industrializados comienzan a reducir su producción y los países en vías de desarrollo comienzan a requerir estos productos (UE y China, respectivamente).

3. BALANZA DE PAGOS

La balanza de pagos de un país refleja el análisis más exhaustivo sobre la actividad y flujos del comercio internacional de un país con el resto del mundo. Es un documento contable en el que se registran todas las operaciones de diferente índole entre ciudadanos, empresas e instituciones que realizan flujos con el resto del mundo durante un período de tiempo determinado, que generalmente suele ser un año. Para las personas físicas se utiliza el criterio de residencia habitual en el país. Con respecto a las personas jurídicas, todas aquellas empresas domiciliadas en el país se consideran residentes, así como sucursales y filia-les de empresas extranjeras.

Podemos definir también la balanza de pagos como un registro estadístico cuya importancia consiste en adelantar datos informativos de un país respecto a sus flujos financieros con el exterior, movimientos de divisas y capacidad competitiva. Por lo tanto, estamos considerando en todo momento tres aspectos el contable, financiero y económico. Según el *"Manual de balanza de pagos"* del Fondo Monetario Internacional, la balanza de pagos se define como "estado estadístico que resume las transacciones económicas entre la economía de un país y el resto del mundo". Es de vital importancia para los organismos centrales de una nación. Por ejemplo, los bancos centrales.

España: Banco de España.

Francia: Banque de France.

Alemania: Deutsche Bundesbank.

La balanza de pagos es un documento contable cuya función puede ser definida como registro estadístico con el objeto de contabilizar por partida doble todos los flujos económicos y financieros realizados entre residentes de un determinado país y no residentes durante un período dado por lo general un año, al que llamamos ejercicio. La elaboración de la balanza de pagos le corresponde al Banco de España cuyos datos son aportados por la Administración Tributaria a través del Documento Único Aduanero (DUA) y a través el INTRASTAT (Adquisiciones y Entregas Intracomunitarias). Los bancos centrales de cada país facilitan sus correspondientes balanzas de pagos al Fondo Monetario Internacional. Después de analizarlas y pasarlas por el tamiz de sus normativas las publica en el Balance of Payments Statistics.

Estas transacciones aglutinan los intercambios de bienes, servicios, rentas, transferencias y las operaciones de activos y pasivos financieros. La contabilidad por partida doble requiere que toda transacción se efectúe en dos escrituras del mismo importe, pero en sentido inverso: una en ingresos o variación de pasivos, otra en pagos o variación de activos.

La primera partida se encarga del registro de entrada de divisas en el país (exportación de bienes). En la segunda partida aparecen los pagos o salida de divisas del país (importación de bienes).

Cada transacción, por lo tanto, origina dos asientos uno en el activo y otro en el pasivo. La balanza de pagos implica un equilibrio permanente, por lo que la suma de los ingresos debe ser igual que la suma de los pagos. El documento contable está dividido en conceptos de títulos, partidas y rubricas.

Los títulos se resumen en cuatro e incluyen las tres cuentas básicas:

- Cuenta corriente.

- Cuenta de capital.

- Cuenta financiera.

- Errores y omisiones.

3.1. BALANZA CUENTA CORRIENTE

Si tuviéramos que hacer un análisis de marketing internacional, la cuenta corriente sería la más relevante para realizar un análisis exhaustivo. Registra las partidas referentes a las operaciones de:

☐ Balanza de mercancías y bienes.

☐ Servicios.

☐ Rentas.

☐ Transferencias corrientes.

La cuenta corriente es la formación de sus cuatro partidas expuestas o balanzas integrantes que dan lugar al cálculo de "sub balanzas", como el saldo comercial o de servicios, los cuales ponen en evidencia el excedente o déficit o un equilibrio de los intercambios. Normalmente el indicador que se suele utilizar es el saldo comercial. Si tenemos un saldo favorable la balanza corriente permitirá prestar e invertir en mercados internacionales. Para conocer la competitividad de un país debemos analizar la cuenta de bienes y servicios, es decir, la balanza comercial y de servicios.

3.1.1. BALANZA COMERCIAL O DE MERCANCÍAS

El resultado de los bienes materiales comprados y vendidos por un país durante un ejercicio en el comercio internacional se llama balanza de comercial. Las partidas que integran dicha balanza son las exportaciones e importaciones. Las exportaciones originan las entradas de divisas e ingresos, y las importaciones originan los pagos de mercancías. Se le considera parte integrante de la balanza de pagos concretamente de la cuenta corriente. Las exportaciones contribuyen a regular los pagos con el fin de contrarrestar las importaciones. Éstas contribuyen al crecimiento y fortalecimiento económico de un país. En una economía nacional el crecimiento de las exportaciones neutraliza los diferenciales de inflación.

Debido a que ya tenemos un mercado en la Unión Europea, las exportaciones se consideran intercambios con terceros países. Por lo tanto, los intercambios de las mercancías están sujetos a los impuestos y aranceles de la aduana. Todas las importaciones y exportaciones declaradas se contabilizan sobre una base común. Esta base pertenece a las condiciones de entrega de los INCOTERMS (Términos de Comercio Internacional). Las exportaciones se valoran en condiciones FOB, así como las importaciones, salvo si las importaciones de bienes son detalladas desde el país de origen, que entonces serán valoradas en condiciones CIF.

> FOB: Free on board. Valor de la mercancía cargada a la borda del buque del puerto de salida.
>
> CIF: Cost, insurance, freight. Valor de la mercancía asegurada por el 110% de su valor en factura hasta el puerto de destino.

3.1.2. SERVICIOS

Es aquella partida que contiene todas las operaciones de ingresos y pagos relacionados con la prestación de servicios entre residentes y no residentes de una nación. Incluye una serie de servicios:

- Turismo y viajes.
- Transportes y comunicaciones.
- Seguros.
- Construcción.
- Servicios financieros e informáticos.
- Servicios culturales y recreativos.
- Servicios gubernamentales.
- Servicios a empresas (leasing, comerciales, etc.).
- Derechos de licencias (royalties).

> La balanza comercial se refiere a las exportaciones e importaciones de bienes materiales o tangibles. La balanza de servicios hace referencia a las exportaciones e importaciones de bienes intangibles, es decir, bienes inmateriales o servicios.

Entre los ingresos de servicios prestados podemos enumerar los realizados por empresas, organizaciones y personas extranjeras. Por ejemplo, todos los turistas que vienen año tras año a disfrutar de las playas españolas. También podemos obtener ingresos o gastos mediante fletes en el transporte marítimo, así como seguros de mercancías. En el caso de España podemos destacar que la partida más rentable de la balanza de servicios es el Turismo. El saldo positivo de esta partida ha compensado en gran medida el deterioro del saldo comercial.

3.1.3. RENTAS

La balanza de rentas recoge los ingresos y pagos generados por las remuneraciones de los trabajadores y las rentas de inversión, es decir, se incluyen las rentas de inversión de activos invertidos en la economía del país y las rentas de residentes españoles procedentes de sus activos financieros invertidos en el exterior (intereses de préstamos, dividendos, alquileres de inmuebles, etc.). También incluiremos los royalties por cobros y pagos de patentes, marcas y derechos de autor, así como los salarios de los trabajadores cuya actividad se realice en un país de residencia diferente del de su nacionalidad (expatriados estacionales y temporeros).

3.1.4. TRANSFERENCIAS CORRIENTES

Incluye todos los ingresos y pagos sin ninguna contraprestación entre los residentes y el exterior. Podemos distinguir transferencias privadas (remesa de emigrantes que tienen su residencia en el extranjero) y públicas (fondos de ayuda al desarrollo). Las transferencias corrientes se distinguen de los servicios en que no implican contraprestación económica aparente, mientras que, en los servicios, el coste del servicio implica la prestación de transportar, albergar y alimentar, en el caso de que sea un servicio de turismo. En las transferencias no existe contraprestación y podemos llamarla balanza de servicios gratuitos. Suelen figurar transferencias de administraciones públicas con la Unión Europea, ayudas al Tercer Mundo, pagos a organizaciones internacionales, remesas de trabajadores emigrantes, becas a ciudadanos que van al extranjero, premios artísticos y científicos, etc.

3.2. BALANZA CUENTA DE CAPITAL

Esta balanza recoge las ayudas y transferencias de capital de las administraciones públicas y las transacciones de activos y materiales.

➤ Transferencias de capital. Recogen básicamente las entradas provenientes de la Unión Europea, transferencias de capital del sector privado y las de las administraciones públicas con la Unión Europea, destinadas a mejoras estructurales en proyectos industriales y de medio ambiente.
➤ FEDER (Fondo Europeo de Desarrollo Regional).
➤ FEOGA (Fondo Europeo de Orientación y Garantía Agrícola).

➤ Adquisición/ Enajenación de bienes inmateriales: Compraventa de activos intangibles.
➤ Activos inmateriales no producidos (tierra, subsuelo, etc.).
➤ Activos intangibles (patentes, marcas registradas, derechos de autor, etc.).

Puesto que los bienes de inversión se contabilizan en la balanza de rentas deberá considerarse que se trata de capital financiero. Para contabilizar las operaciones entre residentes y no residentes en la cuenta corriente y la cuenta de capital se dispone de una columna de ingresos y otra de pagos. El sistema utilizado es el de partida doble, por lo que cada transacción provoca dos anotaciones: una en la columna de ingresos y otra en la de pagos.

✓ Se consideran ingresos:
    o Las exportaciones de mercancías y servicios.
    o Las rentas de residentes españoles en el exterior.
    o Transferencias corrientes y de capital recibidas.
✓ Se consideran pagos:
    o Las importaciones de bienes y servicios.
    o Las rentas de residentes extranjeros en España.
    o Las transferencias corrientes y de capital enviadas.

3.3. BALANZA CUENTA FINANCIERA

Es la contrapartida de las cuentas corriente y de capital (excepto errores y omisiones) cuya función es registrar las operaciones financieras. Contabiliza el conjunto de las variaciones de activos y pasivos financieros en flujos netos entre residentes y no residentes.

Las variaciones de activo afectan a las inversiones del país en el exterior, es decir, los pagos efectuados por residentes en la compra de activos de no residentes, así como las desinversiones del país en el exterior, equivalentes a los ingresos obtenidos por sus ventas y amortizaciones. Las variaciones de pasivo conllevan las inversiones extranjeras en el país, es decir, los ingresos conseguidos por no residentes en la compra de activos de residentes, así como las desinversiones extranjeras en el país, equivalentes a los pagos derivados de sus ventas y amortizaciones.

La cuenta financiera está estructurada en cuatro balanzas, diferenciadas por el tipo de activos y pasivos en el que se materializan las inversiones:

Inversiones directas. El inversor toma una participación que le permite influir de forma efectiva en el control y la gestión de la sociedad. Esta no debe ser inferior al 10% del capital o bien sea condición suficiente para formar parte del consejo de administración. El objetivo del inversor es obtener una gran rentabilidad en el tiempo en la empresa que invierte, llegando a tener un control sobre la gestión de sus actividades. En este apartado incluiremos también la adquisición de inmuebles.

Inversiones de cartera. Adquisiciones de valores que no constituyen inversión directa, ya que no se persigue conseguir ningún control sobre la sociedad en la que se invierte. Podemos citar como ejemplo las acciones y participaciones en fondos de inversión, bonos y obligaciones, instrumentos del mercado monetario y derivados (futuros y opciones).

Otras inversiones. Afectan a las variaciones de activos y pasivos financieros como los prestamos entre residentes y no residentes, exceptuando los concedidos por empresas a sus filiales, los créditos comerciales con vencimiento superior a un año y los depósitos a la vista o a plazos en entidades financieras.

Variaciones de reservas. Contienen los activos líquidos (oro, divisas y posición en el FMI), que se consideran disponibles para ser utilizados por las autoridades centrales de un país, con el objeto de financiar los desequilibrios de la balanza de pagos o con objeto de minimizar sus intervenciones en el mercado de cambios.

Las transacciones en la cuenta financiera se registran en las columnas de variación de activos y pasivos. Las inversiones extranjeras en España se anotan en la columna de variación de pasivas y las inversiones en el exterior en la de activos. Los aumentos de reservas se anotan en la columna de variación de activos y las disminuciones en la de pasivos.

3.4. ERRORES Y OMISIONES

Se recoge el desequilibrio o diferencia derivado de los totales entre los ingresos y pagos por cuenta corriente y cuenta de capital, dándonos un saldo positivo o negativo. La función principal de esta cuenta es conseguir que el resultado de la suma de las distintas partidas sea igual a 0. El significado de esta cuenta se concreta en tres aspectos analíticos:

El significado contable que radica en el equilibrio permanente garantizado por la aplicación del método de la partida doble: La suma de ingresos más variación de pasivos tiene que ser igual a la suma de los pagos más la variación de activos.

El significado financiero que se refleja en la cuenta financiera que resalta la posición deudora o acreedora del país respecto al exterior:

Aumento de los activos financieros: incremento posición acreedora.

Aumento de los pasivos financieros: incremento posición deudora.

El significado económico que declara la situación real de un país en sus relaciones exteriores, plasmado en la cuenta corriente y de capital. Ambas cuentas son las que registran los ingresos y pagos por operaciones, creadoras de renta durante un periodo concreto, por lo tanto, es de suma importancia para la economía de un país el resultado que refleja la suma de la cuenta corriente y de capital que manifiesta la capacidad financiera de dicho país.

Muchas de las economías industrializadas tienen un crónico desarrollo deficitario, como por ejemplo los Estados Unidos. Mientras que los excedentes de las importaciones resultan ser baratos debido al excesivo consumo interno, las exportaciones se evidencian poco competitivas y se estancan. De hecho, las importaciones se están financiando con préstamos y los ahorros de otras economías son los que sustentan la necesidad financiera. La situación de la economía estadounidense está sometida a fuertes tensiones y los pronósticos, a pesar de que el P.I.B mundial (en 2009 14,6 billones de dólares), indica que la prosperidad de la primera potencia mundial está amenazada con fatales sacudidas en los próximos años.

El déficit presupuestario para el ejercicio 2009-2010 en Estados Unidos fue de 1,57 billones de dólares, lo que marca un récord deficitario en torno al P.I.B. Comparándolo con lo reflejado en los resultados de la OMC (858 millardos de dólares) vemos que la información resulta difícil de contrastar, ya que la mayoría de los países maquillan datos para parecer más solventes y que no les penalice el mercado financiero.

La balanza de pagos en su conjunto refleja la salud económica de un país. Los datos reflejados sirven como análisis para la toma de decisiones tanto comercia-les como financieras. Si analizamos las estadísticas de la balanza comercial podemos conocer los principales países importadores y exportadores de un determinado producto, con lo cual podremos conocer la competencia a la que nos enfrentamos. También podremos saber que países exportan nuestro producto. Este análisis a nivel mundial y durante un período de varios años servirá para que desarrollemos el ciclo de vida de nuestro producto. Cuando una empresa decide invertir en el exterior debe evaluar la solvencia financiera del país de importación mediante la evolución del saldo de la balanza de pagos. Un país con un déficit persistente en su balanza por cuenta corriente está comprando más bienes y servicios fuera de los que vende en el exterior; si estos déficits no se compensan con bienes de capital se producirá una pérdida sistemática de divisas que llevará a la devaluación de la moneda y medidas de control de cambio. En una situación como esta las empresas pueden tener dificultades para establecer los precios en la divisa de dicho país, por lo que preferirán fijarlos en su propia moneda o en una moneda fuera (libra esterlina).

Podríamos tener dificultades también con la repatriación de beneficios cuando nos establecemos en dichos países. Toda esta información es posible analizarla observando detenidamente la balanza de pagos. La Balanza de pagos (Cuenta Corriente y Cuenta de Capital) de España de Marzo de 2011 presentó la siguiente situación:

➢ Déficit por cuenta corriente por valor de 5.739,3 millones de euros. Se explica debido al aumento del déficit comercial y de rentas y por la ampliación del saldo negativo de transferencias corriente y por la reducción del superávit de servicios (ha retrocedido hasta 1730 con 4 millones de euros).

➢ Déficit de la balanza comercial se situó en 4503,4 millones de euros, principalmente producido por el deterioro del saldo energético que aumento en un 20%.

➢ Saldo negativo de la balanza de rentas que se situó en 2242,4 millones de euros y la balanza de transferencias corrientes registró un déficit de723,9 millones de euros

3.5. INDICADORES DE COMERCIO EXTERIOR

El indicador económico es una magnitud de medida que permite el análisis sobre el desarrollo coyuntural de un país. Podemos decir que el indicador es un operador matemático que genera un índice macroeconómico.

Saldo comercial. Se define como la diferencia entre las exportaciones e importaciones declaradas de un país durante un período. En este punto se abarca el conjunto de las mercancías, sectores o productos particulares. Cuando las exportaciones superan a las importaciones se llama superávit o excedente comercial. Si las importaciones superan a las exportaciones hablamos de déficit comercial.

Tasa de cobertura exterior. Su valoración se suele efectuar en valor o en volumen, aunque se suele elegir preferiblemente el valor. Su elaboración puede abarcar el conjunto de los bienes, ramos o productos particulares. El equilibrio se alcanza con el nivel 100 que indica la cantidad equivalente de exportaciones e importaciones. Por lo tanto, la tasa de cobertura la podríamos definir como la proporción de exportaciones sobre las importaciones de mercancías en un período.

$$Tc = \text{Tasa de cobertura}$$

$$\Sigma X = \text{Suma exportaciones}$$

$$\Sigma M = \text{Suma importaciones}$$

$$Tc = (\Sigma X \, / \, \Sigma M) * 100$$

Cuotas de mercado. Se aplican para medir la participación exportadora de un país en el total importado por otro país. Su cómputo se efectúa dividiendo el valor de las exportaciones realizado en un mercado por las importaciones totales de éste en un período determinado de tiempo. Según los casos, las cuotas se calculan solamente para mercancías o para mercancías y servicios comerciales.

$$C_m = (\text{Valor exportaciones} / \text{Valor importaciones}) * 100$$

Tasa de apertura de una economía. Es un indicador que permite evaluar la apertura de un país hacia el exterior. Afecta la relación entre la media aritmética de las exportaciones e importaciones de bienes y el P.I.B. Este índice facilita un dato sobre la dependencia de un país frente al resto del mundo. La tasa de apertura nos revela como de abierto es un país en sus intercambios comerciales. Hoy en día, China está desarrollando una gran tasa de apertura.

$$T_a = \text{Tasa de apertura}$$

$$\Sigma X = \text{Suma exportaciones}$$

$$\Sigma M = \text{Suma importaciones}$$

$$PIB = \text{Producto Interior Bruto}$$

$$T_a = \{[(\Sigma X + \Sigma M) / 2] / PIB\} * 100$$

Tasa de penetración de las importaciones. Este índice mide la competitividad en un mercado doméstico de cualquier país. Se evalúa en qué proporción fluye la demanda interior de un país de bienes importa-dos o bienes nacionales. Podemos conocer las compras efectuadas en el exterior relativo al consumo del mercado interior, definiendo la producción nacional (P.I.B) más las importaciones menos las exportaciones. El denominador será la demanda interior.

$$T_p = \text{Tasa de penetración}$$

$$\Sigma X = \text{Suma exportaciones}$$

$$\Sigma M = \text{Suma importaciones}$$

$$PIB = \text{Producto Interior Bruto}$$

$$T_p = (\Sigma X / PIB + \Sigma M - \Sigma X) * 100$$

Esfuerzo exportador. Se define como la proporción del total de las exportaciones de bienes y servicios comerciales en el P.I.B.

E_e = Esfuerzo exportador

ΣX_{bs} = Suma exportaciones bienes y servicios

PIB = Producto Interior Bruto

$E_e = (\Sigma X_{bs} / PIB) * 100$

Cuota de comercio exterior. Podemos definir la cuota de comercio exterior (Foreign Trade Ratio) como la proporción que resulta de la suma de las importaciones y exportaciones relativa al P.I.B de un país durante un período concreto. Como consecuencia del relativo crecimiento del comercio mercantil extraterritorial en relación con la producción mundial de mercancías, el intercambio comercial para las distintas economías gana cada vez mayor importancia. Esto se manifiesta con el incremento de las cuotas de comercio exterior. Esta cuota hace referencia a la apertura de mercados, sin embargo, tiene una escasa referencia a la competitividad de una economía.

C_c = Cuota de Comercio Exterior

ΣX = Suma exportaciones

ΣM = Suma importaciones

PIB = Producto Interior Bruto $C_c =$
$[(\Sigma X + \Sigma M) / PIB] * 100$

Terms of Trade (TOT). Se llama también relación real de intercambio en el cual podemos analizar las condiciones comerciales con el exterior. Equivale al precio relativo internacional de equilibrio que se determina por las variaciones de la estructura de precios de las importaciones y exportaciones.

RI_t = Relación de intercambio base temporal X = Exportaciones

M = Importaciones

P_oX = Precio realizado en el período 0 (año base) para la exportación

P_fX = Precio realizado en el período f (año de referencia/ejercicio) para la exportación

P_oM = Precio conseguido en el período 0 (año base) para la importación

P_fM = Precio conseguido en el período f (año de referencia/ejercicio) para la importación

$\Sigma P_fX / \Sigma P_oX$ = Exportaciones (X) $\Sigma P_fM / \Sigma P_oM$ = Importaciones (M)

$$RI_t = [(\Sigma P_fX / \Sigma P_oX) / (\Sigma P_fM / \Sigma P_oM)] * 100$$

Si los TOT's son superiores a 100, significa que la evolución relativa media de los precios de exportación es favorable con los precios de importación. Si el resultado es inferior a 100, nos aparece el caso contrario, sin embargo, habría que resaltar que el valor representativo de los TOT's depende de los índices de precios aplicados y del influjo de los cambios estructurales de las mercancías, así como los cambios territoriales.

CONCLUSIONES

El desarrollo de los países más industrializados ha provocado el aumento del consumo de materias primas y productos semielaborados. Se ha observado el crecimiento de las mercancías por encima del crecimiento de la producción. En un mercado global, la interacción entre los países cada vez se hace más estrecha. Podemos hablar del "efecto mariposa".

Adam Smith presentó las ventajas de libre cambio en La riqueza de las naciones (1776), pero se limitó a decir que las mercancías se producirían allí donde los costes fuesen menores. David Ricardo con su obra Principios de economía política y tributación (1817) sentó las bases teóricas que explican las ventajas que los países pueden alcanzar por medio del comercio internacional. Mill fue quien explicó cómo se distribuyen las ventajas entre los países. En el Modelo de Hecksher – Ohlin, Los países tienden a importar bienes que son intensivos en los factores en los que tienen oferta escasa y a exportar aquellos intensivos en los factores de los que tienen oferta abundante. En la teoría de Brander y Spencer, elaboraron un modelo que trataba de explicar cómo los gobiernos de naciones donde se localicen empresas que actúen en mercados oligopólicos pueden tener incentivos para realizar una política comercial activa y agresiva con el fin de que la empresa nacional logre captar la mayor cuota de mercado posible (en el límite de convertirse en monopolio), aumentando así el bienestar nacional a través del aumento de los beneficios de las empresas nacionales. La teoría del ciclo de vida del producto es un modelo dinámico que muestra como las ventajas competitivas de un país van cambiando a medida que el producto avanza en los mercados exteriores. El modelo de ciclo de vida de un producto manufacturado atraviesa cuatro etapas principales: introducción, crecimiento, madurez y declive. En cuanto a los indicadores que debemos de contemplar para analizar el comercio internacional y qué países son más receptivos a nuestros productos, esto es, un análisis macro y microeconómico, los más importantes son la balanza de pagos de un país refleja el análisis más exhaustivo sobre la actividad y flujos del comercio internacional de un país con el resto del mundo, y algunos otros indicadores como saldo comercial, tasa de cobertura, tasa de apertura, TOT, etc.

El comercio internacional hoy en día está aumentando año tras año en volumen debido a la globalización. En la última década se ha producido un crecimiento muy relevante del comercio mundial, salvo los años 2007 y 2008 que descendió drásticamente. El volumen del comercio internacional está en torno a 5 y 6 billones de dólares anualmente. La globalización es una teoría entre cuyos fines se encuentra la interpretación de los ratios y eventos que actualmente tienen lugar en los campos del desarrollo, la economía mundial, los escenarios sociales y las influencias culturales y políticas. Algunas de las razones que han motivado el crecimiento del comercio internacional son la estabilidad política y económica. Estamos inmersos en la era de la comunicación y la tecnología, por lo que los avances en la logística y la tecnología aportan una rapidez y seguridad en los intercambios comerciales y financieros. También podemos destacar la homogeneización de los gustos de los consumidores ya que la tendencia de las empresas es hacia la estandarización de los productos para un mercado mundial de gustos similares.

ACERCA DEL AUTOR

José-Nicanor Pinilla Barcelona proviene de un pueblo de Zaragoza, España, Brea de Aragón, donde se fabrica calzado desde hace generaciones. Esto ha influido en su perspectiva de empresa e inquietud emprendedora. Cuenta con una trayectoria empresarial de más de 30 años, y como docente y consultor de comercio internacional, puesto que aprender enseñando es su principal vocación. Para más información visitar perfil de LinkedIN: https://www.linkedin.com/in/escueladelemprendedor/

www.ingramcontent.com/pod-product-compliance
Lightning Source LLC
Chambersburg PA
CBHW062312290526
45794CB00006B/2773